JN254566

ライター時々アナウンサー
柳下詩織の

暮らしの言葉レシピ

Kotoba Recipi

柳下 詩織 著

written by
Shiori Yanagishita

桂書房

イラスト
ブックデザイン　野崎奈緒子

～はじめに～

こまかなプロフィールは、この場では省かせていただきますが、私は話したり、書いたりすることを生業とする〝ことば屋〟です。

4県4社に渡った〝局アナ〟の肩書を卒業し、以前に一冊本を出したことがあるとはいえ、ライターになりたいと再出発をした私。何の後ろ盾もないフリーの身分でありながら、書く方でも話す方でも年中潤沢に仕事に恵まれていることは、もう奇跡が起こり続けているとしか言いようがありません。

本当に毎日ビックリしていて、感謝するばかりです。

現状として、アナウンサーとライター業はハーフハーフなので、本当はタイトルも「アナウンサー時々ライター」でも構わなかったのですが、もしよろしければ声に出して読んでみてください。

「ライター時々アナウンサー」の方が、きっとリズムが落ち着くはずです。

「暮らしの言葉レシピ」というのは、「富山インターネット市民塾」というところで私が開いている講座で、この講座名を決めるにあたっても、「ことば」にするか「言葉」にするか、はたまた「コトバ」にするか考えました。

カタカナは奇をてらったような印象になり、時にとても有効な手段なのですが、今回は、レシピをカタカナにする以上、「コトバ」は予選で敗退しました。

では、「暮らしの言葉レシピ」いや、「くらしのことばレシピ」いやいや「暮らしのことばレシピ」、ああでもこのままだと料理のレシピ本みたいだから、ことばを〝〟で括ってみようか…

と、このように、日頃から、字を視覚的に見たり、音で考えたりするのが私の仕事です。

常に正解を出せるわけではありませんが、少しでも分かりやすく伝えるため、そして、聞き手もしくは読み手の方の興味をそそるにはどうしたら良いかと、いつもいつも考えています。

また、日々の取材やインタビューを通して、私は多くの方の価値観や表現にふれる幸運に恵まれています。

「原稿に追われるって大変だね」とか「人前に出る仕事って疲れそうだね」と言われることもありますが、普通はお金を出して何事も勉強するところ、お金をいただいて勉強させてもらっているんですから、もう緊張しようが苦労しようが、私はラッキーとしか言いようがありません。

本書では、そんな自身の暮らしの中から身近なエピソードを交えて、話し方や言葉選び、コミュニケーションの方法をお伝えしたいと思っています。

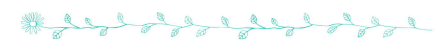

なぜ、言葉のレシピなのか？

たとえば、ジャガイモとニンジン、玉ネギ、お肉があれば、何を作りましょう。

パッと思いつくのは「カレー」あるいは「肉じゃが」あたりでしょうか。

もし、10人がそうした代表的なメニューを作ったとしても、十人十色、同じ味になることはありません。

さらに、セロリを加えて「ポトフ」にしようと考える人もいるかもしれませんね。

ネットでこの同じ材料を打ち込みレシピを検索すると…、驚くことに約1万件もの料理が出てきます。

また、その料理をどんな器に、どのように盛りつけるかによっても、印象がまったく違ってくるのです。

話し方も、まさに同じことが言えます。

新人アナウンス研修では、同じ写真3枚を使って、自由に3分間話す、などの訓練も受けましたが、何人いようが同じ内容になることはありませんでした。

それが、まさに一人一人の味であり、個性というわけです。

料理にしても、いつも同じものしか作れないと、自分自身が飽きてきたり、もっと家族に喜んでほしいからと、料理上手な人に習いたくなったりします。

市民塾などの講座に来て下さる方は、そんな、言葉の料理教室で過ごす時間が楽しい、また同じ志の人に出会えるのが嬉しい、といった感覚で参加されているのではないかと想像しています。

この本を手に取って下さった方も、お料理のレシピを増やす感覚で気楽に、でもしっかり腕を上げるつもりでご一読いただけたら幸いです。

出会いのレシピ　第一印象は数秒で決まる?!

出会いの場面はとても大切です。

恋愛でも、ビジネスでも、友だちづくりでも。

「最初が肝心」とはよく言ったもので、実際、初対面の印象はあとあとまで響き、それを塗り替えようと思ったら、何万倍も時間をかけなくてはなりません。

アメリカの心理学者アルバート・メラビアンの法則によれば、第一印象は、ほんの3~5秒で決まるそうです。ちょっと短すぎる気もしますが、つまりは第一声までが大事ということですね。

さらに、その印象の内訳はいうと…、55％がなんと見た目、38％が声のトーンや大きさ、そして残る7％が話の内容、なんだそうです。

『人は見た目が9割』という本がベストセラーにもなりましたから、この手の情報にあまり驚きはないかもしれませんが、この数字を改めて考えてみましょう。

〝見た目〟と、ざっくり言ってしまいましたが、これは顔立ちだとか、自分ではどうにもならないことがある程度は含まれているとしても、主に〝表情〟や〝しぐさ〟〝姿勢〟など、目から入る情報全体を指します。

そして、38％を占める声についても、これまた随分ふわっとした話なのです。

声の質や高さ、速さ、大きさ、口調、つまりは耳から聞こえる雰囲気以外の何ものでもありません。

この結果を、失望せず喜びましょう！
だって後天的な努力で、印象はどうにでもなるのです。

しかも、まずはほんの数秒、頑張ればいいのです。

「自分は暗い人間だ」と思っているのなら、明るい自分を演じましょう。

見た目が大事なのですから、洋服の力だって何だって借りましょう。

お手本にはなれませんが、私自身、そうしてきました。

子どもの頃から、天真爛漫にテレビの前で歌ったり踊ったりできる子ではありませんでしたし、どちらかと言えば悲観的なタイプでしたので、特にこの仕事に就いてからは、爽やかな水色だとか、明るい黄色だとか白だとかを、なるべく選ぶようにしてきました。

でもそう言えば最近、中身が外側に追いついてきた気もします。

演出していたら、それが板につき、本性に近づいてきたのでしょうか⁇

とにかく、印象は、欠点を補って演出・管理することができます。

Book Tweet

雰囲気美人、雰囲気イケメン、

上等じゃないか！

Hi
Hello.

自己紹介は鮮度が命

〝第一印象〟から一歩進み、今度は印象の良い〝自己紹介〟について考えてみましょう。

「これはすべらない！」という、子ども時代の鉄板ネタを一つくらいお守りとして持っていても良いのですが、自己紹介の話題は、実は新鮮なほど評価を上げます。

つまり〝3年前の思い出話〟よりも〝先週末出かけた先の話〟よりも〝今朝、道中に起こった出来事〟という風な具合です。

そこに、「先ほど○○さんもおっしゃっていたように」や

「私も○○さんと同じ趣味がありまして」と、直前に話した人の話題が絡められれば、

「自分の順番が来るまでもちゃんと聞いていましたよ」

というアピールにもなり、上級者と言えるでしょう。

そして、自己紹介のポイントとしては、〝感動〟あるいは〝笑い〟あるいは、何か「へー」と思うような〝お得情報〟、このうちのどれかを盛り込むことをおすすめします。

聞き手が共感できるような瞬間を作れると◎です！

心の扉を開けておこう

誰かに心を開いてもらいたいと思ったら、まずは自分の心を開くこと。

見るからに不愛想で近寄りがたい、ガラが悪そうで怖い、気の合うタイプではない、と思っても、まずはこちらが笑顔できちんと挨拶できなければ、1ミリも近づけません。

営業先なのであれば、別に生涯の友を探しにいったわけではないのです。24時間その人と生活を共にするわけでもないのです。

既成概念にとらわれず、ある意味勇気と寛容さをもって、接しましょう。

これも職業に大いに関係しているのですが、私は相手の良いところを見つけるのが得意です。

悪口を書くわけではありませんし、相手の本質を最大限に引き出し、相手が自分を語る以上にうまく魅力を伝えるのが仕事だからです。

限られた時間の中で、その人を、その商品を、その空間をできるだけ好きになりたいと思っています。実際、良いところのない人なんていません。

心理学的にも、人と人との間には「好意の互恵性（ごけいせい）」というものが働くと言われています。

あなたにもありませんか？

「○○くんが、△△ちゃんのこと好きなんだって！」と聞いて、それ以来、相手を気にするようになり、結局自分も好きになってしまった！　という経験が。

恋愛にまで発展せずとも、相手が自分に好意を持ってくれているると知って嫌な気持ちにはならないはず。

逆に、動物嫌いの人にほど犬が吠えつくのも、もしかするとその類かもしれませんが、嫌われていると分かって良い気持ちにはなれません。

そのために、これはイメージですが、自分の側の心の扉は少なくとも開け放しておきましょう。

ドアから顔だけを出して、ノブを握り締めたまま話していると、相手もやっぱり、心の扉を開けてくれないのではないでしょうか。

相手が開けてくれるかどうかは別として、「よろしかったらこちらにどうぞ」という気持ちで話しかければ、「今度はうちにどうぞ」と、先方も招いてくれるかもしれませんよ。

Book Tweet

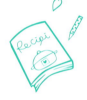

空と水面が鏡のよう。

私が笑ったら、

あの人も笑ってくれるかな？

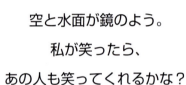

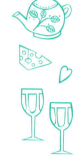

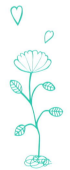

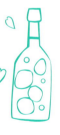

運命を引き寄せるための準備

合コンで気になる人と親しくなりたい、友だちを増やしたい、何とかあの人と取引を成立させたいという時、もし共通の話題があったら、どんなに助けになるでしょう。

たとえば、出身地が同じであったり、卒業校が一緒だったりすると、初対面であるにもかかわらず、もうそれだけで心の距離がグッと近づきますよね。

しかし、そこは偽るわけにもいきませんし、偶然の頼みです。

一方、趣味の場合はというと、たとえば同郷でなくても、その街を旅したことがあったとしたら…、あるいは偶然同じ本を最近読んでいたと分かったなら…、それをきっかけに、もっと前のめりの会話に発展する可能性があるのではないでしょうか。

こうしたアドバンテージは、努力次第でいくらでも生み出すことができるはずです。

いつか花を咲かせるために、種をまいて水をやりましょう。たとえ今が満開でも、来年も咲くとは限りません。自分の人生の花壇が色とりどりの花でいっぱいになったらきれいですよね。

ＯＦＦの日をいかに過ごし、自分を豊かにしておくかというのは、運命を引き寄せるための大切な準備と言えます。

箸休めコラム

「同窓会」

四十路を過ぎ、初めて、小学校の同窓会に行った。子ども時代には、あまり良い思い出がなかったように記憶していたし、同級生の名前や顔もほとんど覚えていない、と思っていたので、出かけるのにはとても勇気がいった。

居酒屋の二階、階段途中からはもうにぎやかな声が聞こえていて、その空間に足を踏み入れるのは、引き返したいほど気おくれした。

襖をそーっと開けてみたら、運よく面影の変わらぬ懐かしい友だちの顔が目に飛び込み、気がついたら歓声を上げお互い手を取り合っていた。あとはもう、何を心配していたんだろうと思うほど、誰と話しても、懐かしく、楽しかった。
いじめっこも、いじめられっこも、みんな等しく歳をとり、優しい大人になっていた。
まるで手品の旗のように、ひとつどこかの国旗が出てきたら、あとは次々に、フルネームで名前が蘇り、私の頭のどこかに、小学校用の箱がちゃんとあったのだと気がつき、それにも驚いた。

出てきた色とりどりの万国旗をそのまま記憶の中に飾ってみたら、小学校の思い出が、これまでよりもうんと、華やかなものになった。

過去も未来も、おそれてはいけない。

方言、大いに結構！　ただし丁寧に。

「方言」を気にする人がいます。

あるいは、まったく気にせず、すべてを自分流に押し通す人もいます。私の考えはというと、方言は悪くないんじゃないかと思っています。

ただし、注文があるのです。

とにもかくにも〝おもてなし〟の時代、外からどなたかをお迎えする時に、いくら〝ありのまま〟が流行っていても、どうか丁寧な方言をつかっていただきたいのです。

たとえば富山弁の場合、同じように相手の健康を気遣うにも、「あんた元気け」、「変わりないがですか?」、「お元気にしとられましたか?」など、数々の言い回しがあります。

それを、家族であれ、初対面の人であれ、「あんた元気け」で通すのは、あまりに敬意が足りず失礼です。

方言がひとつしかないと思い込んでいる人は、真の〝方言マスター〟ではありません。

病院や役所の窓口で、特に地元のお年寄りと多く接するスタッフが、最初から「ここに名前書いて、そこで待っとって」などと、アプローチしてくる場合があります。

方言さえ使っていれば、親しみがある、と勘違いしているのです。

それが、人生の先輩の高齢者であれば余計に、ここは丁寧な方言を使うべきではないでしょうか。

方言を丁寧にする方法は、案外簡単です。方言に、「です」「ます」を組み合わせれば良いのです。多少おかしなことになっても、大丈夫。丁寧に話そうとしている姿勢が伝わることが大事なのですから。

ぶしつけな患者さんやお客さんにつられてしまう場合もあるでしょう。お気持ちは分かります。

窓口で「すみません」の一言もなく、いきなり「か、どうすら（これ、どうすんの）」と聞かれれば、「知らんちゃ、好きにするこっちゃ（知りません、お好きにどうぞ）」と思わず言いそうになります。が、その衝動を抑え、「お手数ながですけど、ここにお名前をいただかんなんことになっとりまして…」と、そこはぜひ丁寧な富山弁で対応してください。

自分は敬語を使っていないのに、「言葉がなっとらん!」とキレてくる人だっているのです。自分には非がないようにしておきましょう。


また、人の呼び方についても、ひと昔前とは事情が変わりました。

そもそも、現代の高齢者の方はみな見た目もお気持ちもお若いですから、「おじいちゃん」「おばあちゃん」とは呼びにくいですし、呼んでもいいのは身内だけ。

身内であっても、そうした呼ばれ方を嫌い、お孫さんに名前で呼ばせているご家庭が多いのも実情です。

そもそも、年齢が上とか下とかいうことで、偉そうにしたり、むやみに従ったりすることがもうナンセンスなのです。

マスコミ、また教育現場でも、かつては「○○ちゃん」や「○○くん」と呼んでいた小学生に対して、男女問わず「○○さん」と呼ぶことが推奨されるようになりました。

お年寄りに対しても、小さな子どもが「おじいちゃん、おばあちゃん」と呼ぶのは許されるとして、赤の他人である大人は、たとえお世話をする立場であっても「○○さん」と、やはり名前でお呼びすべきだと思います。

名前で呼ばれる、というのは誰にとっても嬉しいことです。

上からでも下からでもなく、人として、どんな世代の方とも同じ目線で語り合えると素敵ですね。

質問コーナー 1

「どうしたら、人前で緊張せずに話せますか？」

小学生から大人の方まで、講演先などで受ける最も多い質問の一つです。

気休めかもしれませんが、緊張をほぐすには、首と手首と足首、この三つの首をグルグル回すと良いらしいですよ、などと、一応のアドバイスを送ったりしますが、本当のところ、これだ！　という特効薬はありません。

そんな方法があるのなら、もう世界中の人がその方法を試しているでしょう。

ちなみに、アナウンサーだって緊張します。

どんなに長く続けていても、緊張で前の晩に眠れないこともあります。

でも緊張するのは当たり前のこと。

緊張しないという人の方が、逆に何だか信用できないと思いませんか。

かと言って、「緊張するから、人はみんなカボチャだと思え」というのも、おかしな話です。

緊張しない境地というのはきっと、人並み外れた努力をしてきたオリンピック選手が、準備に裏打ちされた自信があって初めて、「リラックスして臨めました」と言えるような高みなのでしょう。

それでも、やっぱり緊張してしまった、というメダリスト

だってたくさんいるのですから、もはや緊張とうまく付き合う他ないようです。

向き合うその出来事を重んじるあまり、胸震わせている自分を、優しく受け入れましょう。

職業やポジションが、その人をつくる。

アナウンサーが最初からアナウンサーなわけではありません。

お昼のテレビ番組で、旅館の女将を目指し、しごかれるというドラマもありましたが、どんな職業も同じことが言えます。

もちろん、どこかに素養があり、「これは磨けば光る」と感じてもらえたから、また本人に並々ならぬ熱意があったからこそ試験にパスしたのでしょうが、その時点では、肩書きをいただいただけ。

鳴り物入りで入団した有名プロ野球選手でさえ、「プロと部活動は違う」と釘をさされるのですから、職業人として誰もすぐには通用しないのです。

しかし、肩書きに見合う自分になろうと努力することで、だんだん本物になっていきます。

同じ部署であっても、課長、部長と昇格していくことで、本人の責任感も、周囲の見方も変わっていくのと似ています。

その居場所に見合う自分になろうとして、身だしなみや話し方、立ち振る舞いに気をつける。新聞を隅々まで読んで、社会情勢を知ろうとする、ハウツー本を買って読んでみたりする、そんな小さな努力の積み重ねが、その人の佇まいを変えていくのです。

大きな買い物ほど、人は、人で決める。

アナウンサーのような職業に限らず、人は何かしら喋って人づきあいをし、仕事を得ています。

サービス業であれば、個人の対応そのものが価値となりますし、営業職の方なら、商品以上に、「自分を買ってもらう」という意識の高い方も多いのではないでしょうか。

それは「どうせ寄るなら、感じの良いこっちのコンビニ」といった気軽なチョイスから、家や車といった、生涯のうち何度もチャンスがあるというわけではない大きな買い物に至るまで、不思議と同じ心理が働いているようです。

住宅雑誌の取材で、よく施主さんのお宅にお邪魔してお話を伺うのですが、「こちらのメーカーに決めた理由は？」と訊ねると、「決め手は担当者の人柄でした」と答える方が、何と多いことか。

これは、自動車メーカーでも同じです。下手をすれば、デザインや機能性を少々犠牲にしても、信頼できる、馴染みのある担当者を選ぶ傾向にあるのではないか、と感じるほどです。

むしろ、高い買い物だからこそ、人は〝人〟で選ぶのかもしれませんね。

採用担当者のホンネ 運動部が好まれる理由（ワケ）

私は某就活支援サイトの取材・執筆も行っているので、就活生の皆さんにエールの意味を込めて、最近の採用担当者の方が、どんな人材を求めているのか、などのお話も書いておきたいと思います。

企業規模の大小にかかわらず、分かり易く言えば〝体育会系〟とおっしゃる方が、この時代にあってもやはり多いのは確かです。

つまり、ある程度「上下関係のある組織に身を置いた経験」があって「規律を守る」ことができ、「ハキハキ挨拶」し、「体力があって頑張りがきく」ということでしょうか。

少し前に、「吹奏楽部も狙い目」と聞きました。一瞬、「ん？」と思いましたが、「周りの音もちゃんと聞きながら、自分の音の個性もしっかり出す必要があるから」だそうです。

なるほど。

きっと「協調性があり、自己主張もできる」はず、というわけです。

部活動やサークルに例えると分かり易いので、そうおっしゃるのですが、つまりそうした経験や素養をどこかで身につけていてほしいという願いが、そこにはあります。

他にも、ボランティア活動や習い事でも良いでしょう。アルバイトであっても何かを成し遂げた、夢中になって仲間と頑張り抜いた経験は貴重です。

技術や知識は、もちろん一定程度は必要条件ですが、少し足りないところは後からでも間に合うもの、一方、人としてのマナーや好まれる人格は、なかなか備わりにくいものです。

そんな会社好みの人間になどなってたまるか！　というアグレッシブな方は、起業する、粘り強く自分に合った会社を探すという方法もあります。

しかし、自分が社長になったとしても、ビジネスでお付き合いしていくのは、そういった指向性のあるお客さんかもしれませんし、社内の人間関係は課題として残ります。

万人に好かれるのは難しいとしても、一緒に働いてみたいと思われる人はどんな人なのか研究してみるのは、悪くないと思いますよ。

どんな自分を目指すのか？

見事、就職先が決まり、社会人生活がスタートしたら、職場ではどんな立ち振る舞いをすればよいのでしょう？

第一印象の積み上げで、5秒＋5秒＋5秒＋5秒…という風に、足し算をし続けるわけにもいきませんよね。

ですから、ここはざっくり私がイメージしていたことを書きます。

まずは諸先輩方に技術で敵うはずもありませんから、FMラジオ局に入社してほぼ3年は、

「この子、下手だけど、なんか好き」と言ってもらえるアナ

ウンサーを目指しました。

リスナーの方からもそうですし、社内の人たちからもそう言ってもらえるように。

ディレクターの指示には、絶対にNOと言わず、「間違っているかもしれないけど、とにかくこの人の色に一度染まってみよう」と心に決めていました。

「この人の願いを叶えよう」という感覚にも近かったかもしれません。

実際、ニュースは噛みに噛んで、オンエアーが終わるか終らないうちに、営業の人から電話がかかってきて

「お前が、そんなに下手だから、CMが売れねえんだよ!」

と、どやされたこともありましたし、プロデューサーから

「辞めちまえ! 死んじまえ!」と、何度言われたことか…。

でも、全部自分が悪かった。口ごたえはしませんでした。

アナウンサーという職業は、良くも悪くも、過大にとやかく言われる職業なのです。

褒められることも人一倍、けなされることも人一倍。その一言一言に一喜一憂していたら身が持ちません。

時々、褒められたことを勘違いして、天狗のように鼻が高くなってしまうアナウンサーもいますが、そういう人は伸び悩みます。

また、ひどい叱られ方をしても、全然平気なことを、「打たれ強い」と勘違いしている人も多いのですが、私は本当の打たれ強さは違うと思っています。

お小言が耳をスーッと素通りするだけで、身に応えないようでは成長しません。

気持ちが上がったり下がったりするのは、人間だから当たり前で、アップダウンが無いのは逆におかしなこと。でも、落ち込みすぎず、有頂天にならず、心の真ん中の平穏・中庸の幅をなるべく広くもつことをイメージしてください。

そして、その、一聴《いっちょう》すると厳しすぎる先輩の言葉の中の真意を、必死に汲み取りましょう。

過剰に傷つくことは避け、直すべきところはちゃんと直す、褒められたことは次もそうできるよう心に留める、という繰り返しによって、人は進歩していくのです。

褒め言葉も叱咤激励も、ぜんぶ栄養にしてしまいましょう。

Book Tweet

甘い言葉も苦言も栄養♡

頑張りはきっと誰かが見ている。

頑張っているあなたを、ちゃんと、見ていてくれる人はきっといます。

自分のやりたかった本来の仕事でなかろうと、お茶汲みや掃除、電話受け、時に先輩の家賃を振り込みに行ったり、タバコを買いに行ったりという、今では考えられないような使い走りもこなしましたが、小さな仕事をコツコツ誠実にやっている姿は、神様か身近な人が、必ず見ていて下さって、一段ずつ引っ張り上げてもらうことができました。

もちろん、その他のことがどんなに忙しくても、自分の本業でチャンスをものにする自分磨きを怠ってはいけません。
ただし、やりたいことだけをやってるようでは、社内で評価されないのも真実です。

さて、徐々に大きな仕事を任されるようになり、最後は、局で一番長い6時間もの情報番組を担当するようになりました。

余談ですが、ワンマンDJでしたので、トイレに立つ時間もほとんどなく、長い曲をかけている間に、一度だけトイレに走って戻って来る、というのが日々の定番でした。

そして、育ててもらった恩返しが少しはできたかな？　と思う頃、会社を辞め、声をかけて下さった東京のアナウンサー事務所に身を置くことにしました。

この時ようやく「本物のアナウンサーになった」と感じたのを覚えています。

会社にもらった肩書きで、こんどは看板なしに勝負するんだ、というその節目に、私はまた違う目標を立てることにしました。

それまでは、「この子、下手だけどなんか好き」と言ってもらえる人を目指していたわけですが、次はまったく逆に

「この人、好きか嫌いかで言ったらあんまり好きじゃないけど…、でも上手いよね」

と言ってもらえる人を目指したのです。

なぜなら、もしAさんとBさんがいて、Bさんは私をあまり使いたくないと思っているとします。Aさんが、Bさんを説得できるとしたら理由は一つです。

「でも、彼女上手いよね」。

というわけで、それまで以上にストイックに仕事に向き合いました。

語彙を増やす、アクセントを絶対に間違えない、そして、一切手抜きのない魂のこもった読みをしようと決意を新たにします。

また事務所の方針で、それまで、私など画面に出るような顔ではないと自分からは近づかなかったテレビの仕事もさせていただくことになるのですが、そうした方向性の転換にも逆らわず、ご縁のあったこと、目の前に出された仕事を精一杯やる、という姿勢は変えませんでした。

自分で考えるよりも、周りの人の方が、適性を見抜いていることもありますし、できないことに取り組むのは、自分の肥やしになるというものです。

ところで、芸人さんや俳優さんもそうでしょうが、アナウンサーの世界でも、フリーとなれば、仕事はたいていオーディションがともないます。

オーディション会場には、当然喋りが上手で、美人だ、声がきれいだ、という人が毎回ぞろぞろ集まります。

ここでもまた、打たれ強くならなければなりませんでした。

就職面接やコンペなどでも負けこむことがあると思いますが、間違いなく選ぶ側の好みもあるので、そこは割り切りも必要に思います。

国民的な有名女優さんだって、最初はオーディションに200回も落ちて、とっても凹んだけれど、「ああ今回は好みに合わなかったんだ、と思うようにしていた」という雑誌の記事を目にし、私も見習うことにしました。

嫌な仕事をしなければならない時は、「好きなこと、楽しいことだけしてて、お金がもらえるわけがない！」、「辛くてキツいからこその報酬だ！」と、自分に言い聞かせました。

そして、一度や二度では絶対、特定の仕事や人物を嫌いにならないようにしようとも決めていました。

実際、「苦手だ〜」と思う人でも、あとで印象が変わったり、「向いてない」と思った仕事も、三年目にしてしっくり来た、ということがよくありました。

ただ、絶叫マシンが苦手な私は、『三匹の子ブタ』を朗読しながら富士急ハイランドのジェットコースターに乗る、とか、バンジージャンプするだとかいう仕事だけは、やっぱり最後まで慣れることはありませんでした（笑）。

でも、怖がる人のところに程そういう仕事がくる、これもまた残念ながら世の常なのです…☆

失敗でも、最高の思い出！

具体的な仕事のエピソードを語り出すとキリがないので一つ選び、古い話ですが、アナウンサー事務所に所属して間もなく引き受けた、日本の宇宙開発事業団ＮＡＳＤＡ（現・ＪＡＸＡ）のＨ２ロケット打ち上げ実況の時の話をさせていただきます。

私自身、依頼を受けて初めて知ったのですが、ロケットの打ち上げ期間中（天候不良も考え約10日間）は、一時的に「ＮＡＳＤＡ放送」なるものが立ち上げられ、各局に映像配信される仕組みになっています。鹿児島県の種子島宇宙センターには、選りすぐりの？カメラマンや技術、音声、照明スタッフ、アナウンサーなどが集められ、なかば合宿のような形で生活をともにし、来るべき日に備えるのです。

それまでN1ロケットから数えてH2の4号機までは、連続29回の打ち上げを成功させ、「日本のロケットは失敗しない」という神話さえ生まれていました。

そんな中、1998年2月、私が実況リポートを担当した愛すべき5号機は、第2段エンジンの不具合により、搭載していた通信放送技術衛星COMETS（のちに「かけはし」）を静止軌道に乗せられず、初めての失敗機となってしまったのです。

打ち上げ自体は大変見事で、ステーション内には拍手が沸き起こり、「おめでとうございます!」と歓喜のインタビューを始めて1分も経たないうちに、周囲が不穏な動きを見せ、ディレクターの顔がみるみる曇り、インタビュー中止のサインが出たのでした。

念のため、打ち上げ失敗は私のせいではありません。

翌日各紙には、「純国産ロケットの成功神話は地に堕ちた」という見出しが躍り、その開発と打ち上げまでに注ぎ込まれた1兆円だか2兆円が宇宙のクズになったと、政府は痛烈な批判を浴びることとなります。

その天文学的数字の金額の中には、私のささやかなギャラも含まれているのだな…と思うと、何だか複雑な思いがしたのをよく覚えています。

ただ、私にとっては本当にかけがえのない思い出で、何百人ものスタッフが、その瞬間に向けてひたすらに各々の役割を果たし、同じ願いをもって結集していく一体感を、その輪の中で感じることができました。
だからこそ成功してほしかったなという思いはあります。
さて、少し毛色の違う話になりましたが、地に足のついた話を続けることにします。

1998年2月21日、H2ロケットを背に、種子島で緊張のリポート。

浮かない日の気持ちのアゲ方↗

私は、何か考え事をしたり、パソコンに向かっていると、『ムーミン』のお話に出て来るミーのような顔になっている時がよくあります。

おっと…今もそんな顔をしていたかもしれません。(ミーは好きなキャラクターなのですが、眉間にシワが寄っている、分かりやすい例で使いました。あしからず。)

人間ですから、いつも絶好調ではいられません。

恋人と別れた日、病み上がりの日、ペットが病気の時、などなど。そんな時は、まず心はさておき、口角を上げてしまいましょう。
口角さえ上げてしまえば、逆に暗い声を出すことのほうが難しくなり、明るい声で話していると、不思議と気持ちは後からついてくるものなのです。

日によって機嫌が変わる人が職場に一人でもいると、周りじゅうの人が「今日はどうなのかな？」と、様子を伺わねばならず、無駄なエネルギーを使うことになります。

気づかないうちに、そんな人になっていることがないようにしたいものです。

仕事中誰かに声をかけられて、「いま話しかけないで」とぶっきらぼうに言ってしまったこと、あるいは言われた経験はありませんか？

同じ秒数で、もっと違う言い方ができなかったでしょうか。
「ごめん！　10分後でもいい？」とか、
「ちょっとなら大丈夫よ」とか。

たった数秒で、自分のイメージを大きく損じることがあります。気分の乗らない日も、まずは口角を上げて、気持ちをアゲましょう！

でも、仕事そのものに問題がある、という場合には、自分なりの線引きをしたほうがいいと思います。
いつもいつも「こんな仕事、あー嫌だ」とグチをこぼしながら、ダラダラ続けるのは、仕事にも自分にも失礼、周りの人にも迷惑をかけることになります。

仕事をしている時間は、一日の中でも、あるいは人生全体を考えてもとても長く、職業、あるいは職場は、自分に大きな影響を与えていくチャプターです。

それが一番なりたかった職業であろうとなかろうと、縁あって自分で決めて居場所を作ったのなら、長い文句は禁物。そこが嫌なら、夢を叶える努力をし、ステップアップして出ていけば良いこと、そこにいるのなら、居心地よく働けるようまた別な努力をすべきです。

進路を迷っている少しの間、グチをこぼすのは仕方ないとして、その体質が身に付きすぎると、人格まで変わってしまいますよ。

Book Tweet

人は、

太陽に向いて咲くひまわり。

楽しそうに働こう♪

あなたは、どんな人とお仕事したいですか？
あるいは、どんな人とお友だちになりたいですか？
私は、なんだかんだ言ってもやっぱり〝明るい人〟ではないかと思います。

恋愛においては、ちょっと影のある人、ミステリアスな雰囲気を漂わせている人に心惹かれることもあると思いますが、仕事を共にしていく中で、不気味な謎は必要ありませんし、友だち付き合いをするなら、一緒にいて前向きになれるような人がいいと、思う人が多いはずです。

人は、太陽に向かって咲くひまわりのようなもの。気づけば自然と、明るい人のほうをみて笑っていたりします。

「また一緒に働きたい」、「これからも一緒に働きたい」と思われる人について考える時、実感を持ってお話できることが一つあります。

私の場合、「いつも、楽しそうに仕事してるね」と言われることがしばしばありました。そう言われると何となく「別に遊んでるわけじゃないのにな〜」とか「結構、苦労もあるんですけど…」などと、以前は少し不満を感じたものです。

でも、ある日

「柳下さんが楽しそうに仕事してるから、私たちも一緒に仕事してて楽しいんですよ」と、言って下さった年下の女性がいました。

そこでハッと気がつきました。
それが最高の褒め言葉だったことに。

考えてみれば、
「あの人は髪の毛を振り乱してがむしゃらに働いてるね」と言われるよりも、楽しそうに見えるほうが（実際楽しいのですが）、どれだけいいかー。

そして、それからは
「遊んで見えていいじゃない！それが私の良いところ」と、自分を認められるようになりました。

大切な仕事を発注する時、もちろん、〝納期をちゃんと守ってくれる〟〝ミスなく仕事が正確である〟などの大前提があるとして、〝現場が和やかである〟〝気持ちよく引き受けてくれる〟〝ピンチの時に助けてくれる〟なども、頼みたい人物像の要素に入ってくるのではないでしょうか。

派遣社員の方から、職場での人付き合いについてお悩みを伺うことがあります。

これは個人的な意見ですが、毎回必ず飲み会に参加しなくても心配ないと思います。

輪の真ん中にいる必要もないと思います。

常に面白いことを言って、周囲の人を笑わせ続けることもないと思います。

輪の片隅にいて、陰口には加わらず、ニコニコできていればいいのではないでしょうか。
何でも首を突っこまなくても、きっと大丈夫ですよ。

参考になるかどうか分かりませんが、仕事を始めて20年以上経つ今私が心がけているのは、これまで書いたものとはまた少し違うことです。
同じ現場の人たちが、ふと「ああ、なんか今日楽しかった…」と、一日の終わりに思えるような仕事です。

思い過ごしかもしれませんが、仕事を頼んでくれる人は、成功の確約と同時に、そんな空気感も含めて発注をかけているような気がするのです。

華々しい結果は求めません。でも、番組や催しや取材が滞りなく進んで、あるいはドタバタしたけど最後は何とかうまくおさまって、気持ちよく、すこしワクワクした気持ちが残るようなそんな仕事ができたらと思っています。

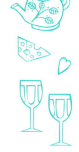

Book Tweet

真ん中じゃなくていい、

輪の片隅で、

ニコニコできれば十分。

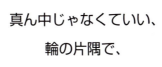

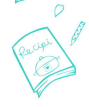

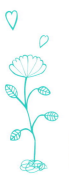

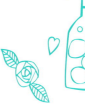

仕事のあとさき

たとえば何となくニュースを見ていて、「この人のネクタイおしゃれだな〜」と思ったり、「髪型へんなの〜！」と思ったりすることがあります。

そういう断片的なことで、ちょっと好きになったり、ちょっとキライになったり、というのはよくある話です。

以前、某局のアナウンサーが、社名入りの車をコンビニの扉の前に横付けして、自分の買い物をしている姿を目にし、「こんな人だったんだ」と、ひどく幻滅したことがありました。

また、取材をしていても、店主がやたら立地やお客に対して不満ばかり漏らすようだと、食べる前から、きっと料理に愛情はこもってないんだろうなと感じてしまいます。

「態度は悪いが味はいい」と聞く店もありますが、同じレベルの味でもっと愛想の良い店があれば、人はそちらに流れるのではないでしょうか？

ただ、もしそれが手術をしてもらうお医者さんなら…〝人の良い不器用な先生〟よりも〝性格は悪いが腕の良い先生〟に執刀していただきたいと考えるかもしれません?!

でもきっと名医と呼ばれる先生は、そのどちらも兼ね備えているような気がします。

もちろん24時間、365日、笑顔を絶やさず、きちんとできれば理想的なのですが、「この間スーパーでくたびれた顔で買い物してたね」などと言われてしまう私にはそれが難しいので、せめてもと気をつけているのは〝仕事のあとさき〟です。

昔、小学校の先生が「遠足は、家に帰るまでが遠足」と、言っていたような記憶があります。

司会を終えて、会場を一歩外に出た瞬間から、だらしなく歩いたり、疲れた顔をしないのはもちろん、近くにとどまっているのは会場にいらした方である可能性が高いので、そこらじゅうに頭を下げながら、なるべく隅のほうを通ってその場を離れます。

車の停め方に始まり、駐車場を出る時も急発進しないよう、その程度のことですが、気をつけるようにしています。

でもきっと、仕事をなさっていなくても、たとえばどなたかのお宅を伺う時、そのあとさきに、既に注意されていることだとは思います。

「料理人はおいしい料理さえ作ればいい」、「アナウンサーは正確に読めさえすればいい」という考え方もありますが、お客さんの目というのは、案外シビアで、しかも本筋ではないところで、その人や企業を判断する場合があるということを、どうぞお忘れなく。

「話し上手は、聞き上手」

ところで、どうも〝アナウンサー〟というのは、「話し上手な人が就く職業」と思われがちなのですが、実のところ仕事の多くは「人の話を聞くこと」です。

「聞く」と言うと、これまた、たとえば大学の大講義室の授業のようにただ黙っていればいい楽なこと、と勘違いする方がいらっしゃいます。

しかし、人の話を真剣に聞くというのは、ヘトヘトになってしまうほどのエネルギーと、実に高いテクニックを要するものなのです。

アナウンサーもライターも、良い雰囲気づくり、呼び水としてのお喋りはしますが、自分の意見はほとんどの場合、ぐっと控えています。

人の話を聞き、本心を引き出す、またその場全体の雰囲気を取り持つのが役目。自分が主役になりたい人には、むしろ向かない仕事と言ったほうがいいかもしれません。

ところで「傾聴（けいちょう）」という言葉は、きっともうどこかでお聞きになったことがありますよね。

読んで字のごとく、真摯に耳を傾けることを言います。この「傾聴」の姿勢は、日常的な人づきあいに限らず、社会のあらゆるところで重視されるようになりました。

たとえば、最近ニーズが高まっている「傾聴ボランティア」。高齢者や大震災の被災者など、悩みや寂しさを抱える人の話をひたすら聴いて相手の心のケアをする活動で、原則的に問題解決のためのアドバイスはしません。

ビジネスシーンでも、ソーシャルメディア上の書き込みを集めたデータを分析する「傾聴戦略」というマーケティング手法が注目されています。

より本音に近い声から潜在的な要求や需要を把握することができ、製品開発やサービスの改善に役立つと考えられているようです。

では、人の話を聞くコツはなんなのか――。

「聞く」というのは、いかにも受け身的な感じがするかもしれませんが、「積極的傾聴＝アクティブ・リスニング」という理論があります。

かつて〝カウンセリングの神〟と言われた、アメリカのカール・ロジャースという臨床心理学者が唱えたこの技法に沿って、ポイントをまとめてみましょう。

「傾聴」の基本姿勢には、

ひたすら相手を受け入れる「頷き」や「相づち」、

話の要所を繰り返す「復唱」、

さらに理解を深めるための「質問」、

相手の不明確な感情や考えを、聞き手がより適切と思われる表現に直して言い換える「明確化」、

また、こう着状態から話を前進させたり、軌道修正したり、沈黙を脱するために言葉をかけるなどの「場面構成」力

などが挙げられます。

「相づち」ひとつを取っても簡単ではありません。「なるほど」「そうでしたか」、また共感を伝える「大変でしたね」「それは驚きです」といった多くの言葉の中から適切なものを選び、絶妙なタイミングで繰り出すのは、なかなか技と心の要ることです。

それに、「ふんふん、へー、ほー」と相づちが多すぎると、かえって喋りにくいというのは、どなたも経験済みなのではないでしょうか？


テレビでインタビューする場合は、相づちを多用しません。あとで編集の邪魔になる恐れがありますし、しっかり目を見て大きく頷くだけで、相手は十分「ちゃんと話を聞いてもらえている」と安心して下さいます。これなら話の腰を折ることもありません。

ちなみに、中には人と目を合わせるのが苦手という方もいらっしゃいます。どちらかと言えば私もそうです。また目をじっと見つめられるのが苦手な方だっておいでですよね。

ひとつ良い方法を伝授いたしましょう。

〝目を見る〟と言っても、両目と鼻を結んだ三角形の中を見ていればよいのです。それで相手は、視線が合っていると感じてくれます。これを、星座のようですが「視線三角形」と呼びます。

また〝3秒目を合わせたら1秒視線を外す〟というテクニックも使ってみてください。

3秒目を合わせ会話したら、さり気なく書類に視線をおとしたり、ちょっと窓に目をやったり、という感じです。
そうすれば、お互いに目力で疲れてしまうこともなくなります。

相手の思いを正確に知るための「質問」や、本人の気持ちを代弁する「明確化」、話の流れを立て直す「場面構成」については、話すこととも密接に関係しています。
このあたりが、世間で「話し上手は、聞き上手」と言われる所以かもしれません。

そして、話し方も聞き方も、上手な人ほど謙虚であることがほとんどです。

Book Tweet

上手《じょうず》な人ほど、下手《したで》に出る。

箸休めコラム

「聞き上手なウサギ」

ウサギは聞き上手だ。

大きな耳を立て、一生懸命音を聞く。

聞き流すだけで英語が話せるようになるという英会話のCDを同じ部屋で聞いているのだが、いつか彼女のほうが先に英語で喋りだしそうだ。

また彼女はとても口が堅いので、秘密をこっそり打ち明けてもだれにも告げ口したりしない。

見習うべきところがたくさんある。

先日、そのウサギが、突然何も食べなくなり、大慌てした。

「ワタシ、頭がちょっと痛いんです」とか「きのう食べたニンジンが、たしか変でした」とか、何か言ってくれればいいのにと思うが、彼女は何も喋らない。

大好物のリンゴの皮も乾燥させた茶葉も、瑞々しいレタスも口にしない。

ウサギは24時間食べずにいると死んでしまうと知り、不安な夜を過ごしたが、翌朝、そのタイムリミット前に、彼女は食欲と元気を取り戻した。

季節の変わり目とか、人にもよくある何かそうした原因で不調だったのだろうか？

彼女はつぶらな瞳で顔を見上げ、家族を癒し、奇想天外な動きで笑いを呼ぶ。

水を飲み、
ワラを食べ、
遊ぶ、寝る、
それがお仕事。
そしてまめに
まんまるな
ウンチで
お手紙を書く。

「ワタシは
今日も
元気です」

桜の花びらと戯れる三代目のウサギ・コロン。

話を上手に引き出すコツ

相手の話を聞く時、まっさらな状態で赴き、その場でなんとかなる場合と、ある程度情報を仕入れておかないと失敗する場合があります。

限られた時間の中で、密度の濃い話を引き出したいと思ったら、基本情報は頭に入れておき、一から聞くのを省いたほうが効率的ですし、「ちゃんと調べてから来てくれた」という好印象で話がスムーズに運びやすくなるのは間違いありません。

対談番組などでも、作家の方ならお相手の著書を数冊読んでおく、ブログやＨＰをチェックしておく、また映画監督であれば、作品を観ておくことは当然ですが、相手への誠意として、自分なりの具体的な感想を持っておくことも必要な準備です。

ところで、質問には「オープン質問」と「クローズ質問」の2種類があることをご存じですか？

「クローズ質問」とは、答えが「はい」か「いいえ」で完結するもの。「オープン質問」は、具体的な説明を要する答えを導くタイプの質問を指します。

突然ですがここでクイズです。

Q．あなたは
幼稚園児のサツマイモ掘りの取材に来た記者です。
子どもたちに「楽しかった？」と聞けば
「うん！」という元気な答えが返ってくるでしょうが、
「うん」以外の答えを引き出すためには、
どんな質問を投げかければよいでしょうか？

自分のお子さんとたくさんお喋りしたいお父さんも、一生懸命考えてみてくださいね。

いいですか？

では…そろそろ答え合わせです。

一番簡単なのは、そのあとに「どんなところが楽しかった？」と聞き足すことで、新人記者が使いがちです。これも悪くはないのですが、子どもが困ってしまうこともあります。

結局「おイモがほれたところ」というような、何とも言い難い答えが返ってきて、微妙な感じになることがあるので注意しましょう。


他にはどんな答えを思いつきましたか？

「いくつ掘れた？」ならば、

「3コ！」とか「いっぱい！」という具体的な答えが返ってきそうですね。

「そのおイモ、どうやって食べる?」と聞けば
「お母さんに焼イモにしてもらう」とか、もしかすると
「そのままかじる」なんていう珍解答が期待できるかもしれ
ません。

他には、「このおイモ、誰に見せたい?」とか、
「どんな味がすると思う?」などもアリだと思います。
また「疲れた?」とまず聞いて、「うん」の後に「どうし
て?」と聞けば「おイモが重かったから」とか、「なかなか
抜けなかったから」とかいう会話が成立しそうです。

3つ以上、質問のバリエーションが浮かんだ方には花丸を
さしあげます。

日頃「会話のキャッチボールが長く続かない」という方は、どうぞ「クローズ質問」と「オープン質問」を上手に使ってみてくださいね。

今回は小さな子どもの例を用いましたが、私は普段から、物事を説明する時に、だいたい小学5年生ぐらいが理解できるような話し方や言葉選びをして下さいと、お願いしています。

そうすると、少し優しい気持ちになって、大人にとっても分かり易く親切な話し方になるからです。

どうぞご参考まで。

メールは果たして万能か？

いつも、どこにいても誰かと繫がっていないと不安になる人が増えているそうです。

一方、どこにいてもネット環境がととのっているせいで、それを窮屈に感じている人も少なくありません。

メールがコミュニケーションツールの中心に踊り出て、例に漏れず私も便利に使っていますが、世の中少し敏感になりすぎているのかもしれませんね。

ちなみに私はLINEもFacebookもブログもやっていません。

恥ずかしながら、メールであっても、ポストに入れたお便りのように、数日かかって返信しているような始末で、実際、ハガキや手紙でお礼状などを書くことも少なくありません。

こんなペースの私がもしLINEを始めたら、たちまち既読トラブルを起こすに決まってますし、友だちはたくさんじゃなくても、本当に心許せる親友が少しいれば幸せだと思っています。

また、不特定多数の人へのメッセージを発信したり、受け取ったりするよりも、私に用がある人は直接連絡してくるだろうし、私もそうします、という、いかにもアナログ的な考えで現在に至っている次第です。

これは言い訳のようですが、受け取る自分の経験上、遅くなっても、心のこもったお礼や感想が届くと、速さだけが取り得の形式ばった文章が送られてくるより、ずっと嬉しいものです。(そこにスピード感が伴えば完璧なのですが☆)

ですから、「あー、こんなに遅れてしまって恥ずかしい…もういいや」とあきらめそうになっても、素直に「遅くなっちゃったけど、あの時は…」と、謝ったり、お礼を言ったり、感動したことを伝えたほうがいいと思います。

またメールは、なくては困りますが、万能ではありません。

特別な事情でもない限り、プロポーズがメールというのは多分女性が許してくれないでしょうし、就職面接も、最終的には直接会って話さないと、将来を担う人材選びを決断できないでしょう。

忙しい毎日の中では、誰かと予定を合わせるのも容易なことではありません。先日も友人から出産内祝いを受け取るのにお互いの都合をやり取りしていたら、会うまでに半年もかかってしまいました（笑）。

それでも、すっかり首の座った赤ちゃんを抱っこできたのは嬉しかったですし、直接「おめでとう」や「ありがとう」が言えるのはやっぱりいいなと思いました。

メール、ハガキ、手紙、電話、ＦＡＸ、あるいは祝電や弔電、気持ちを伝える手段はいろいろあります。

間の悪さはおそれず、愛情を込めて気持ちを贈りましょう。

Book Tweet

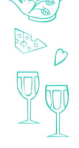

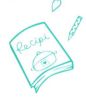

タイミングを逃しても、

少し遅れてもいいから

伝えたいことは、

ちゃんと伝えよう。

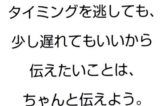

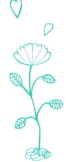

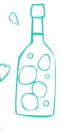

THANK
YOU!

質問コーナー2

「どうしたら話し上手になれますか？」

私はかつてラジオで6時間番組のパーソナリティーをしていたので、普段から何を見ても「これをどう話そう」と考える日々を過ごし、当時は疲弊してしまったのですが、感じたことをアウトプットする訓練は、とても為になったと感じています。

お喋りが上手くなりたいと願うなら、やはりアスリートがトレーニングを欠かさないように、そうした実践が有効です。

時計の針を見ながら、ひとつの話題を1～2分、長くて3

分以内に話しきる練習をおすすめします。

　でも、それはちょっとハードルが高いとお感じでしたら、とにかく得た情報を記憶が新しいうちに人に話してみると良いと思います。

　私はインプットした情報を、噛み砕いて自分なりに消化し、記事にまとめたり、人にお伝えすることを繰り返してきました。人に説明をする時は、当然自分が分かっていないと書いたり話したりできませんので、納得のいかないところをさらに調べたり、伝え方を工夫しようとします。

　そうした行為によって、さらに頭に入れたばかりの知識が定着しやすくなるようです。

　ですから、「へー!」と思ったこと、感動したこと、面白かったことを、気軽に家族や友人にお喋りしてみてください。

結果、思ったほどウケなかった、話しきる前に自分が感動を思い出し泣いてしまった、など、きっと反省点が生まれると思いますが、それをまたステップに工夫してみると、いつの間にかちょっと話し上手な人になっているかもしれませんよ。

「立て板に水」では何も残らない

さて、人前で流暢に話すことができない、長いお喋りが苦手である、という方に朗報です。

「立て板に水」のように話せることが、話が上手い人、とは限りません。

これは私自身が、そうはできないひがみもあってのことかもしれませんが、口が滑らかすぎると嫌味に聞こえたり、耳ざわりが良すぎて、結局何も残らなかったりすることもあるのです。

逆に、たどたどしくても何だか応援したくなって、身を乗り出して話を聞いてしまった、という覚えが一度はあるのではないでしょうか?

その分かれ道は〝必死に伝えようとしているかどうか〟そして〝聞き手の存在をちゃんと意識しているかどうか〟というところにあります。

自分に酔いしれて、考えを押し付けてくるような人は、そもそもブレーキの壊れた暴走列車です。自分の到達したい結論に向かってまっしぐら。

進路変更も、スピードを落として景色を楽しむこともないでしょう。

目的地にはたどり着きたいんだけど、お客さんの様子を常に視界に入れてゆっくり走る路線バスのようなイメージを描くと、ちょうど良いかもしれません。

また「ずいぶん饒舌な人ですよ」と称されることが決して褒め言葉ではないように、ベラベラ多くを語ることもおすすめしません。

これは世代によっても、アドバイスを変えるべきでしょうか。

十代、二十代の方はもっと積極的に自分の気持ちを伝えるべきかと思います。大いに、熱意とサービス精神をもって！

思春期だからと、挨拶やマナーを免除されている場合ではありません。そんなことを続けていたら、日本はますますアピール上手な他の国に置いていかれてしまいます。

そして、自分の年齢を鑑みて、だいたい45歳以上ということにいたしましょう。

笑顔は多め、お喋りは少し控えめなほうが、きっと愛されます。

私の苦い経験から言って、言いそびれたことは、後から伝えることもできますが、言い過ぎたことによってできた傷は深いものです。

それに、語りすぎないほうが、相手は気にかけてくれるものですよ。ぜひお試しください。

Book Tweet

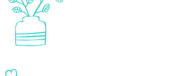

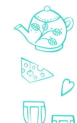

言葉は、過ぎるよりも、

少し足りないほうがマシ。

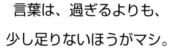

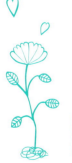

HIGH
SPEED
SAFETY
BUS

スピーチやプレゼンは、準備したことを捨てる勇気を持て。

友人の結婚式でスピーチを頼まれたり、会社でプレゼンを引き受けると、当日までプレッシャーに悩まされますよね。焦り過ぎて、逆に夏休みの宿題のようにギリギリまで準備しないという、おかしな状況に追い詰められたりします。しかしここはグズグズせず、早めに準備したほうがいいですよ、と私からはやはり申し上げておきましょう（笑）。

ぶっつけ本番、ただのノリのようであって、お笑い芸人さんがみっちりネタ合わせをしているように、しっかり考え、練習するのが一番です。

ただし、会場に入って、いざマイクの前に立った時、

「あ、想像していた空気と違う」と思ったら、せっかく時間をかけて準備したものであっても、捨てる勇気を持ちましょう。

例えば、大事なお客様を夕食でもてなす時、予定していたものが、苦手だと直前に分かってしまったら……、「知らなきゃ良かった!」と思いながらも、計画を変更しないわけにはいきません。

また、温かいパスタを作るつもりだったけど、当日の気温は35度。じゃあ冷製パスタにしてみよう。

そんな工夫を、心得のある人ならやってのけるのではないでしょうか。

スピーチもそれに似ています。

当日は春のような陽気なのに、「寒風吹きすさぶ中…」と準備してきた通りの文面を只々読み上げる方もいらっしゃいますが、空を見上げる余裕もなかったのか、手抜きなのか、とにかく聞いているほうはがっかりしてしまいます。

そのあとは予定どおり読むとしても、時候の挨拶を入れ替えるのは、たいした労力ではありません。

無機質な文章を読み上げるくらいなら、短くても、血の通った言葉をかける方が、よほど相手の心に残ります。

またプレゼンにあたり、前日に入手できた情報によれば、どうもライバルと攻め方が似ているらしい、今さらすべてを改める時間はないが、せめてアプローチを変えたい、という状況もありそうです。

同じ料理を出すのだけれど、順番を変える、盛り付けを変える、お皿を変えてみる、などがそれにあたります。

もしかすると、もっと大きな改造が必要になり、「それまでの時間がすっかり無駄になった」、「こうなるなら準備なんかしなきゃ良かった」と破れかぶれになったり、結局うまくいかなくて、肩を落とすこともあるかもしれませんが、その時はどうか、最後まで努力した自分を褒めてあげてください。あなたは間違っていません。

その下準備がなければ、スピーチもプレゼンも決して上達しないからです。

苦労したことは、必ずいつか役に立ちます。

挑んで成功した達成感はきっと格別ですよ！

Book Tweet

失敗は次に繋がるが、
たまたまできたことは
役に立たない。

低い声は、暗い声ってホントウ？

「地声が低いので、暗いと思われるんです」という方がいらっしゃいます。そう思う気持ちは理解できます。

でも、本当に低い＝暗い、なのでしょうか？

私も新人アナウンサーの頃、明るいＣＭを読む時は高い声、しんみりしたものは低い声、というような使い分けしかできませんでした。

低い声に、明るい要素を持たせることが本当に難しかった。でも今は、低くても、明るく温かなニュアンスは持たせられると確信しています。

そしてむしろ、低い声は歓迎すべき要素が十分あります。

昔のアナウンサーは、今よりずっとキンキン声で喋っていました。

しかしご存知のように、社会の高齢化が加速し、お年寄りが聞き取りづらい高い声は今や避けられる傾向にあります。

年齢を重ねると、残念ながらモスキート音などの高音域が聞こえなくなってしまうためです。

それを逆手に取り、大人には聞こえない高周波の着信音をわざと利用する若者がいるという記事も先日目にしました。

高齢者への配慮は、テレビやラジオばかりではありません。

新聞の文字も、ひと昔前より大きくなりました。

情報量を少し減らしてでも、読みやすく、ちゃんと理解してもらうことのほうが大切だからです。

何気なく聞いているテレビやラジオも同様に高さばかりでなく、話すスピードが変化しています。

今は、緊急のニュースでない限りパソコンで原稿を打ちますが、以前は、記者のクセ字を解読するのに苦労したものです。

記者は記者で、声に出して読みながらおおよその時間を計っていますから、〝読《よ》み尺《しゃく》〟の違いに本番の計算が狂う、といったアクシデントは日常茶飯事でした。

ところが現在、多くの放送局では、記者自身も書きながらにして、その時点で何秒分まで書けたのか分かるシステムになっています。

あらかじめ、１秒あたりの文字数を決めてあるわけですが、この設定も、局の判断によって違いはあるものの、年々ゆっくりになっていることは確かです。

「落ち着いた低い声で、ゆっくり話す」、これが現代の主流と言えます。

電話の声はドレミファソ♪

さて、声が低いからと言って気を落とすことはない、とお伝えしました。

ただ高さはどうあれ、その声に思いやりがこもっているかどうか、というのが最大のポイント。

そして、それが最も顕著に表れるのが「電話」です。

電話は顔が見えません。

私たちが、メールで顔文字や装飾を使うのは、字面を見た時に、楽しい気持ちが伝わるように、別に怒ってるわけじゃありませんよと、伝わるようにするためですが、電話の場合はその工夫のすべてを、声でまかなわなければなりません。

ご自身の声を何かに録音してお聞きになったことはありますか？

自分の耳は、案外都合の良いように聞こえていて、実際は、本人が感じているよりもずっと、暗い声であることがほとんどです。

さらに電話は、相手の顔が見えない分だけ、どうしても少し冷たく聞こえてしまうもの。


そこで、電話の応対には、「ド・レ・ミ・ファ・ソ・ラ・シ・ド」の「ソ」の音の高さをおすすめしています。

ぜひ一度、「ドレミファソ」と音階を確かめてから、いつも電話に出るように社名や部署を名乗ってみてください。

「ソ」の音は案外高いはずです。

まずはそのギャップを知り、現実の自分と、「こう話したい」と思っている声をなるべく一致させていくことが、振り返るとプロとしての最初の作業だったように思います。

ＣＭを読む時など、自分では「どうかしてるんじゃないか！」と思うほどテンションを上げて、初めて明るく聞こえるものなのだと知り、当時は戸惑いました。

声というのは、高さ以外に、ふくらみや、憂い、艶など、さまざまなトーンによって表現されます。メリハリや大きさもそうですね。

低い声に、精一杯の笑顔を添えているでしょうか。

早口で、その場を早く終わらせようとしていませんか。

親切心を出し惜しみしていませんか?
そんな照れはどうぞ捨てて下さい。

それにしても電話は、時代とともにずいぶん変化しました。
お家の電話にかけなければ、お友だちとも、好きな人とも話せなかったちょっと面倒な時代が、今となっては懐かしいです。

自分なりに、できるだけきちんと話そうと緊張して受話器を握った子ども時代なくして、いきなりビジネス電話に対応しなければならない今の若い方たちを気の毒にも思います。

この本で、敬語とは、という項目を改めて設けるつもりはないのですが、少なくとも、いきなり本題に切り込まず、もっと、便利な「クッション言葉＝枕言葉」を使ってみてはいかがでしょうか。

おそらく、使いやすいのは、「すみませんが」や「申し訳ございません」なのでしょうが、使えるクッション言葉はもっとたくさんあります。

「おそれいりますが」、「恐縮ですが」、「お手数ですが」、他にも「おさしつかえなければ」、「あいにくですが」なども、さり気なく使えると、大人な感じがします。

ちなみに私が気に入っているのは、富山弁で恐縮ですが「なんでも、聞いてみるがですけど…」です。

ちょっと聞きにくい質問をさせていただく時、道に迷った時、ダメかもしれないお願いをする時、思い切って聞いてみます、というニュアンスで時折使います。

「おさしつかえなければ」あなたもぜひお使いになってみてください。

空気を〝味わう〟。

良くも悪くも〝空気を読む〟という言葉が、クローズアップされすぎている時代—。

これは職業柄とも言えますが、私は空気に敏感なほうだと思います。

仕事の現場では、なるべく空気がやわらかに流れるよう、穴や取りこぼしがないよう、気を払わなければなりません。

ですが、私が得意なのは、それとはもう少し違うニュアンスで、言うなれば〝空気を味わう〟という感覚です。

叙勲受章や企業の周年パーティー、結婚披露宴など、いろいろなセレモニーの司会をさせていただくのですが、いつもそこは幸せな空気に溢れています。

一生に一度あるかないかの、特別な日に居合わせる人たちが放つ輝かしいオーラ。みな一様に普段言えなかった感謝の言葉を口にし、時には涙ぐんだりもします。

年に一度のお祭りも、待ちに待った竣工式も、作文コンクールの表彰式もそうです。

仕事を離れても、そうした空気を感じることが好きです。

例えば、写真スタジオ。記念写真を撮る人たちは晴れがましく、門出に際してどこか決意めいた少しの緊張感を漂わせます。

図書館は、知識欲と向上心のある人（少なくとも只今そのような意識にある方）が集まるところ、子どもの頃、具合が悪い顔しか見せたことのなかった小児科の先生には、一回でいいから元気な私を見せにいきたかった、と今でも思います。

でも先生はきっと、元気にしてあげたいという使命感でいっぱいで、そんな期待なんてしなかったでしょうけれど。

その時々の空気を精一杯味わい、時には足りないものを埋めたり、和らげたり。

その空気を押し切ってでも主張したほうがいいことだってあるはずです。


大切なのは、そこで自分が何をすべきか、どう振る舞うか、と考えること。

あなたは、どんな気持ちにふれていて、どんな空気を作り出してきましたか？

箸休めコラム

「幸せのおすそわけ」

以前、パティシエの友人と話したことがある。私たちの仕事はラッキーだと。

ケーキを買いにくるのもまた、幸せな人たちだと私は思うからだ。

ドアベルを鳴らすのは、お誕生日や、試験の合格、昇進、還暦祝い、また季節のイベントを大切な誰かと楽しむ余裕のある人たち。怒った顔でケーキを選ぶ人などいない。

仮に疲れた自分への慰めでショートケーキを買う人がい

たって、そこには前向きな気持ちが流れている。
そんな空気にいつも身をおき、幸せな時間のお手伝いができる仕事は、本当に恵まれていると思う。
幸せのおすそ分けをいただいているような気がする。

だから、特別な日がもっと素敵に輝くように、心を込めて仕事をしようと思う。

人生の1ページに参加させていただくことに感謝――。

マイナスの言葉を使わない

〝マイナスの言葉を使わない〟というのは、よく言われる幸運の法則です。

「誰かのことを悪く言わない」、「ごはんをまずいと言わない」、「とりあえず否定から入らない」などが、それにあたります。

なんというか、マイナスの言葉を吐く場所には〝負のオーラ〟が漂ってしまい、周りの人もどんよりさせますし、また、愚痴を言い合うことで繋がっているような友人関係は、その場は気持ちが楽になっても、それ以上の発展性が見込めないものです。

私としては同じ理由から、「暑い」、「寒い」、「疲れた」を言い過ぎないことも、そこに含めたいと思っています。
もちろんあからさまなマイナス言葉ではありません。

「今日も暑いですね～！」、「いよいよ寒くなってきましたね」という挨拶は、むしろ会話のきっかけとしてどんどん使っていただきたいです。

でも、外から戻るなり「あついあついあついあついあついあつい！」と、見事な早口で暑さをまき散らしても、ちっとも涼しくはなりませんし、みんな同じ仕事をして帰る道すがら「疲れた」を連発しても、決して疲れはとれません。
ただ、寒いので暖房をつけてほしいと思っているのに我慢なんてしないで下さいね。そういう場合は「ちょっと寒いので暖房をいれてもいいですか？ 皆さん、お寒くないですか？」と、お伺いをたてて承諾を得れば良いのです。

寝食をともにする夫婦の間では、まれに、エアコンの設定温度の違いが離婚原因の一つにもなるようですから、もはや結婚条件に〝体感温度の近い人〟という項目を加えるしかありませんが、公共の場ではできる限り、脱ぎ着できるよう自分で工夫をして、暑さ、寒さをものともしない颯爽とした雰囲気でいられたら素敵だなと思います。

Book Tweet

木陰のように涼しげで、

日向のように温かな人になりたい。

家族のレシピ

家族との付き合い方については、自分への戒めも大いに込めて、書いてみたいと思います。

一番身近で大切にしなければいけない人なのに、一番雑に扱ってしまうのが身内。私の場合、たいていは後で反省することになります。

「あぁ、あんな面倒臭そうな返事をしなければ良かった」、「優しい言い方をすれば良かった」、「もっと目を見て笑えば良かった」と。

なぜそうなってしまうのか──、

もちろん甘えもありますが、自分と少し似た、嫌な部分が目についたり、逆に自分とは全く違う価値観や行動が気に入らなかったりするのだと思います。家族とは距離が近いだけに、余計難しいようです。

しかし自分にとって一番小さな社会が安定していることは、生活全般を考えてもとても重要です。

残念ながら家庭を疎かにしてきてしまった方は、誕生日や母の日や父の日や、クリスマスやバレンタインなど…、一年中チャンスが散りばめられていますので、そうした商業ベースのイベントに乗ってみましょう。

親孝行や家族の絆づくりに、早すぎることも、遅すぎることもありません。

親と過ごせる時間も、子どもと過ごせる時間も、いつどこでどうなるか分からない夫婦の時間も、すべて限りがあり、いつか、どんなに一緒にいたくても、一緒にいられなくなる時が必ずやってくるのです。

それを、いま強く胸に刻んで、できれば時々思い出して下さい。

たまにはアルバムを開いてみるのもいいですね。私もそうしたいと思います。

たぶん、コツはそこだけです。

そしたら、「ありがとう」や「ごめんなさい」は、自然とおまけでついてくるのではないでしょうか。

５歳の桃の節句、祖父母から贈られたお雛さまの前で。

箸休めコラム

「言葉は平等」

朗読会で、重度の脳性まひを患う富山市の草島昇（くさじま・のぼる）さんという詩人の方の作品を読ませていただくことになり、ご挨拶に出向いた。

手は勝手に動いてしまうため、かつては車いすに包帯で固定していたそうだ。

ではどのように詩を綴るかというと、ある程度自由のきく左足の小指でタイプライターを打つ。

驚いたことに、草島さんは詩を書くばかりでなく、足指で絵も描き、画集も出している。

草島さんの発する言葉は、初対面の私がすべてを理解するのは難しかったけれど、彼はそこにいるだけで、私たちに何かメッセージを投げかける。しかもユーモアをもって。

その存在感を前にしては、話し方がどうのこうのなんて、もうどうでもよくなってしまう。

それでも、ある意味感動を覚える。

言葉は誰にも平等に与えられており、心をしばしであっても自由に解き放つことができる魔法の杖であると、実感するからだ。

次のページに、彼の詩を一つだけ紹介する。

「し」

しは　こころの　らくがき
だれにもいえないことや
いいたいことを
かきまくる

じぶんの　まわりに　あるもの
こころの　なかに　あるもの
みうしないかけたもの
そんな　ものから
しを　かきたい

自分の言葉を増やすために。

語彙（ごい）＝ボキャブラリーは、毎日同じような人と顔を突き合わせ、判で押したような生活をしていても、残念ですが劇的に増えたりはしません。

でも、ラジオやテレビを何とはなしに聞いている中で、少し耳に残って自分の言葉になることはあると思います。

そう言えば私も、聞き流すだけで英語が話せるようになるという教材を使っているのでした。ただ私の耳はだいぶ頑固で…幼児のようにグングン吸収するというわけにはいかないようです。

〝新聞や雑誌を読む〟〝本を読む〟こうした「読む」行為も大事です。

知らない言葉に出会えるだけでなく、励ましや慰めにもなり、いろいろな世界に旅できる本は〝百人の友達〟になってくれると、私は信じています。

そして、本当にボキャブラリーを増やしたいのなら、もうひと手間。

〝知らない〟〝読めない〟〝意味の分からない〟言葉をスルーせずにすぐ調べる、できればそれをノートに書き留める、これで、自分の意識が強く働き、印象に残りやすくなります。

調べものには、インターネットが大活躍！　これについてはもうBI（Before　Internet）時代にはとても戻れません。

そうした新旧のツールを組み合わせながら、私は長年、「ことばノート」なるものを作ってきました。

特に立派なものではありません。コタツの上や枕元などにメモ帳を置いて、テレビやラジオで聞いた「いい言葉だなー」と感心したフレーズや、人から聞いた為になる話、本を読んでいて感動した部分を書き写したり、また自分がふと思い付いた表現をメモしたりする、かなり自由なものです。最近は、スマホのメモ機能を使って、書きとめる機会も増えました。

それでも、人はどんどん忘れていってしまう生き物。その言葉が身に付き、自分の言葉となって出て来るまでにはさらに時間がかかります。

でも、人間の〝人となり〟というのは、そうやってできていると私は思うのです。

食べ物の栄養と同じで、きのう食べたカレーの…横腹がニンジンで、腕がジャガイモで、肩が玉ネギでできています、というほど単純なものでなく、どこでどう栄養になっているかは分からないけれど、とにかく口から入れたもののみで体は作られていて、しかも（こういう話をすると、お子さんは喜ぶのですが）そのほとんどは体の外に出て行ってしまいます。

知識や経験も、たとえそのほとんどが記憶の彼方に忘れ去られてしまっても、いろいろ見聞きし、体を通せばこそ、やがて血となり肉となるのではないでしょうか。

その人の今日《こんにち》の考え方や価値観は、いつか学んだ〝かけら〟でできています。

覚えていられることはそう多くはありませんが、そのかけらが一つでも二つでも残っていくことを楽しみに、毎日できるだけ体と心に良い言葉や考えを学んでいきたいものですね。

Book Tweet

話せば、ほぼ　分かる。

～あとがき～

話したり、歩いたり、食事の準備をしたり、という行為は、たいていの方にとって、ありふれた日常です。

しかし、それを高い向上心でプロの域まで高める人たちがいます。

たとえば 速さなら陸上選手、美しさならモデル、家庭では真似のできない料理を作るシェフ、そして話すということにおいては、アナウンサーの仕事も、言葉のプロと言えるかもしれません。

とはいえ、私は失敗の多い人間です。いまだにできないこともたくさんありますし、できていたことも、ちょっと気を抜いたばかりにできなかったりして落ち込むことも…。

だからこそ自分を戒め、励ましながら、少しでも前身できるよう努力を重ねているところです。
未熟なお手本ですが、お読みの方と一緒に少しでも、感じよくコミュニケーションが取れるようになったらと、思いの丈を書いてみました。

この本を読んでくださった方の中にも、何かしら〝かけら〟が残り、いつか役立つ日がくることを願っています。

また、出版にあたり、私を見つけて下さった堀宗夫さんと、可愛いイラストを描いて下さった野崎奈緒子さんに心から感謝申し上げます。

柳下　詩織

Photo by 竹島 咲

柳下 詩織（やなぎした・しおり）

●富山県出身。
FM 富士（ふじ）、青森テレビ、テレビ埼玉、チューリップテレビの局アナを経てフリーに。

ナレーター、『北日本新聞 NEWS』キャスター。

またライターとして、雑誌やサイトなどで幅広い取材・執筆活動を行う。

富山インターネット市民塾講師。

チューリップテレビアナウンス講座講師。
I.S.K マナー・コミュニケーション術講師。
紅茶コーディネーター、薬膳コーディネーター。

他の著書に「ふたりの時計、ふたりの地図」がある。

暮らしの言葉レシピ

2015年5月25日　初版発行

著　者　柳下　詩織
発行者　勝山　敏一
発行所　桂　書　房
〒930-0103 富山市北代3683-11
TEL 076-434-4600　FAX 076-434-4617
印　刷　株式会社すがの印刷

© Yanagishita Shiori 2015　ISBN978-4-905345-84-8

＊落丁・乱丁などの不良品がありましたら，送料小社負担でお取り替えいたします。
＊本書の一部あるいは全部を無断で複写複製することは，著作者および出版社の権利の侵害となります。あらかじめ小社あて許諾を求めて下さい。